Cómo mejorar su vida financiera

Ganar dinero desde casa por internet

WILLSON CARDOSO

CONTENIDO

- CONTENIDO ... 2
- ADVERTENCIA ... 3
- INTRODUCCIÓN ... 4
- CÓMO UTILIZAR ESTE LIBRO ... 4
- POR LO QUE DESEA UN NEGOCIO EN LÍNEA? ... 5
- CREAR SU PROPIO PRODUCTO ... 6
- TIENDA ONLINE ... 6
- BLOGS ... 7
- LIBRE MERCADO O OLX ... 7
- CRAFT ... 8
- AFILIADO ... 9
- INFOPRODUTOR ... 11
- EDITOR FREELANCER ... 12
- CONSULTING ... 13
- CLASES PARTICULARES ... 13
- CANAL EN YOUTUBE ... 14
- DISEÑO ... 14
- TRADUCTOR ONLINE ... 15
- GESTIÓN DE LA RED SOCIAL ... 15
- IMPORTACIÓN ... 16
- SITIOS DE VIVIENDA ... 16
- CONSTRUIR SU SITIO ... 16
- ELEMENTOS DE UNA PÁGINA WEB CON ÉXITO ... 17
- PAGOS ... 19
- CÓMO CONSEGUIR QUE LOS VISITANTES ... 20
- AHORA ESTÁ EN MARCHA Y FUNCIONANDO! ... 22
- VENTAJAS Y DESVENTAJAS DE SI TRABAJO EN CASA POR INTERNET ... 23
- VENTAJAS ... 23
- DESVENTAJAS ... 23
- Sitios que le ayudarán trabajas en casa ... 24
- Un MAESTRO Cartada PARA MEJORAR SUS RESULTADOS ... 24
- CONCLUSIÓN ... 26

ADVERTENCIA

El autor no se hace responsable del uso de la información contenida en el presente documento. Por lo tanto, no hay garantías de ingresos. Cualquier acción tomada después de leer este libro electrónico es la única y exclusiva responsabilidad del lector. Por lo tanto, me gustaría llamar la atención que usted no encontrará aquí hay ganancias fórmula surrealistas mágicas en el hogar. Por el contrario, usted tendrá acceso a la información que con mucho esfuerzo se convertirá en su principal fuente de ingresos.

INTRODUCCIÓN

Si este libro es su primera incursión en el mundo de hacer dinero en línea, usted puede preguntarse "es realmente posible ganar dinero en Internet?" La respuesta a esta pregunta es 'Sí'.

Millones de personas en todo el mundo ganan todos o parte de sus ingresos en internet. No estoy hablando solamente de las grandes empresas, pero las personas que trabajan desde la comodidad de sus propios hogares, utilizando sitios web que han creado para ganar grandes sumas de dinero cada año, dentro y fuera de su país. Cuando nos enfrentamos a esto, a continuación, puede empezar a pensar: "Sí, pero esta gente está probablemente genios que han pasado toda una vida detrás de un ordenador." De hecho, nada podría estar más lejos de la verdad.

Ganar un buen dinero a través de Internet, que no requiere ninguna habilidad específica o una larga historia de afinidad con las computadoras o la propia Internet. Hay una increíble cantidad de información disponible para ayudarle a iniciar su propio negocio rentable, no importa la cantidad o la poca experiencia que tiene.

CÓMO UTILIZAR ESTE LIBRO

Hacer dinero en línea es un sueño para miles de personas. Algunos todavía siguen siendo escépticos acerca de esta posibilidad, pero quiero compartir aquí en este libro electrónico son formas de trabajo a través de Internet para lograr finalmente su libertad financiera.

Para obtener beneficios económicos de la lectura de este libro, usted debe analizar cada propuesta y estudiar en detalle cada objeto del mismo. Sólo entonces, este libro va a cumplir su objetivo de hacer una contribución al lector, un pequeño empujón, para construir un negocio sólido y rentable en Internet con ideas simples y fáciles de implementar, cómo crear un sitio web o atraer más visitantes a su sitio. Pequeñas ideas pueden hacer toda la diferencia en su calidad de vida, lo que le permite disfrutar de la compañía de su familia y tiempo libre para practicar sus aficiones favoritas.

Entonces, ¿qué estamos esperando? Vamos a empezar...!!

POR LO QUE DESEA UN NEGOCIO EN LÍNEA?

Quiero primer lugar se indican lo más importante es analizar el mercado y decidir cuál es su nicho, es decir, decidir qué tipo de negocio que desea. El área de opciones disponibles para usted a veces puede ser desconcertante y este solo hecho hace que muchos de ellos nunca pasar la línea de partida.

Nunca se hará un centavo si no se toman medidas para decidir sobre el tipo de negocio y de qué tipo de producto que va a vender. Tomar una decisión es algo que debe hacer rápidamente.

Una de las maneras más fáciles de tener éxito con un negocio en Internet es mediante la venta de productos de información. Los productos de información son simplemente los que le proporcionan información sobre un tema en particular que desea saber más.

Cualquier persona que tenga un interés en un tema en particular, me gustaría recibir información más detallada sobre su interés y proporcionar que esta ha sido la base de muchas historias de éxito. Vamos a echar un vistazo a algunas maneras de utilizar la Internet para hacer dinero.

CREAR SU PROPIO PRODUCTO

Esta declaración se puede sorprender, pero apuesto a que ni siquiera tiene dentro de su mente la información que hará que un producto se vuelve increíblemente valioso y rentable. El hecho es que todas las experiencias, talentos y habilidades funcionaba correctamente, bien puede representar un valor para otras personas que no tienen el conocimiento o la capacidad.

Simplemente haga una lista de cualquier afición o talento que tiene que ser capaz de enseñar a alguien. Si existe un gran interés en un tema en particular que usted tiene conocimiento, entonces no dude en crear un producto. En cuanto al mundo en línea, usted se convertirá en un experto que pueda proporcionar información específica sobre un tema que alguien quiere pagar para aprender.

Crear su producto no requiere ninguna habilidad especial. Un producto vendible podría ser tan simple como un libro electrónico, como el que usted está leyendo ahora, o un programa más detallado que puede incluir una serie de videos, lecciones de audio, o una combinación de cualquiera de los tres.

TIENDA ONLINE

Hoy en día, cada vez más, todo el mundo la persona promedio utiliza Internet para adquisición de bienes, ya sean materiales o virtuales. Lo que no deja de ser una oportunidad para cualquier persona que aspira a ganar algo de dinero extra o incluso para dedicarse a tiempo completo, haciendo su propia tienda virtual, más conocido para el comercio electrónico.

Si ya tiene un negocio físico, sólo tiene que pensar en la posibilidad de ampliar o de otra manera, se puede empezar de cero con una tienda virtual sin necesidad de un negocio físico. Sin embargo, se debe dejar claro que tendrá que invertir en una plataforma para iniciar su empresa.

Algunos ejemplos bien conocidos, algunos gratuitos y otros de pago son:

- opencart;
- Magento;
- PrestaShop;
- Wix;
- Shopify;
- Oberlo.

Pero atención, para tomar esta decisión, será preferible contratar a alguien que le guiará en la construcción de su tienda virtual.

El mercado ofrece varias posibilidades, incluyendo usted puede elegir trabajar con las micro franquicias de grandes almacenes existentes. Un ejemplo es la tienda Magazine Luiza, donde se puede solicitar su franquicia y por lo tanto revender los productos de esta empresa.

BLOGS

Ser propietario de un blog es una opción muy interesante para hacer dinero en línea. Es fácil de crear y mantener al día es la mejor estrategia para captar la atención de los lectores, que después de todo son también consumidores.

Los ejemplos incluyen espacio de venta de publicidad, difusión de productos de terceros a cambio de una comisión, la promoción de sus propios productos y muchos otros.

Ver un artículo que tiene acceso a una guía completa para ganar dinero con los blogs:

LIBRE MERCADO O OLX

Una buena alternativa para vender productos físicos sin la necesidad de crear una tienda en línea es el mercado libre o OLX, por ejemplo.

Usted puede comercializar sus productos totalmente rápida, sencilla y funcional. Lo interesante de trabajar con este tipo de plataforma es precisamente el uso del tráfico existente en ese momento.

Así que incluso si su producto acaba de ser añadido a la plataforma, que puede tener buenos niveles de tráfico, debido a la popularidad de la misma.

La inversión aquí es casi cero, porque hay algunos gastos que tendrá que pagar, pero nada se compara con el precio que tendría que pasar de vender en su propia tienda.

Mi consejo es ir a una tienda virtual sólo cuando ya se tiene un buen presupuesto libre de invertir en la marca de su empresa y, especialmente, en la publicidad.

CRAFT

Este es un nicho de mercado que ha crecido de manera espectacular en los últimos años, el objetivo de muchas personas que deseen obtener ingresos extra desde la comodidad del hogar. Pero lo que muchas de estas personas no se dan cuenta es que existe la posibilidad de ampliar los horizontes y vender sus artes a cualquier persona en el mundo en internet.

Así que si son creativos y tienen la capacidad de crear productos hechos a mano, tales como jabones, joyas, elementos decorativos, etc., bien puede usar las dos opciones que mostré antes de comercializar sus productos y ganar un ingreso bien al final del mes.

Un ejemplo muy interesante es los regalos de boda o cumpleaños. Es una oportunidad muy rentable y sólo tiene que poner en práctica sus habilidades para crear el material y reventa en Internet. En YouTube hay videos donde se puede tomar las ideas o aprender cómo hacer que otras variedades de productos.

AFILIADO

El afiliado es un profesional se centró en la promoción de productos de terceros a cambio de una comisión o una parte del valor del producto.

¿Sabes esos revendedores Yves Rocher? Es algo como esto, sin embargo, mucho más lucrativo.

Lo interesante de este modo es que se puede trabajar como físico afiliado y productos digitales. Sí, Digital.

Cuando hablo digital, me refiero a los famosos Infoproducts, es decir, productos que no requieren de la acción, ni la logística de entrega, como su comercialización y la entrega se realiza en su totalidad a través de Internet. Algunos ejemplos son: E-libros, cursos en línea, vídeos, audios, etc.

Todo lo que necesita hacer es encontrar los programas de afiliados adecuados para trabajar. A continuación se presentan algunos ejemplos de programas de afiliados que se puede elegir para comenzar su trabajo de publicidad:

- Hotmart;
- Monetizze;
- Jivochat;
- Eduzz;
- Amazon;
- Hostgator;
- Ebay;
- vimeo;

Trabajando como un afiliado es muy lucrativo. Pero lo que necesita saber las principales estrategias que el modo de trabajo y sobre todo detrás de las escenas, de modo que, para tener éxito.

Hazte afiliado de un producto es extremadamente fácil y puede ser muy rentable. Simplemente está actuando como un vendedor de un producto que alguien más ha creado y utilizará su sitio para ayudar a vender este producto. El creador del producto, el afiliado le paga una comisión por cada venta que realice, ya su vez, no será responsable de cualquier sobrecarga o servicio relacionado con la creación, entrega o mantenimiento del producto después de hacer la venta.

Muchas compañías grandes y bien conocidas tienen programas de afiliación y le pagará un porcentaje de las ventas realizadas desde cualquier visitante que envíe a su sitio web. Además, muchos comerciantes han creado productos individuales para la venta en Internet y le permitirá ganar comisiones sobre las ventas, también. Estos productos de información son increíblemente populares en Internet y debido a los beneficios potenciales se pueden hacer con bastante facilidad. Ellos serán el foco de la mayor parte de nuestra discusión en este libro.

Uno de los sitios más fáciles de encontrar todos los programas de afiliados que se puede tener es https://www.clickbank.com/. Esto le la capacidad de registrarse de forma gratuita y convertirse en una filial de miles de productos de ofertas. Sólo tiene que elegir uno de estos productos, construir su sitio web y desarrollar técnicas de marketing en torno a ella.

Clickbank ofrece tutoriales sobre cómo iniciar y también a menudo los creadores de productos proporcionan el apoyo necesario. Después de inscribirse en un programa, se le permitirá utilizar una gran cantidad de gráficos y materiales de publicidad que le ayudarán a alcanzar sus objetivos de ventas.

Gane un porcentaje de una venta a través de un programa de afiliados es muy atractivo, especialmente teniendo en cuenta la velocidad con la que los programas se pueden ajustar, y gana el 100% de la venta puede ser aún más atractivo. La única manera de hacer esto es crear su propio producto.

INFOPRODUTOR

Quizás esta es la primera vez que está escuchando sobre este término. Pero en los últimos años he visto más es la aparición de nuevos productores en el mercado digital.

Cuando hablan infoprodutor, me refiero a las personas que crean su propio infoproduct (producto digital) y de marketing en Internet.

¿Se ha preguntado la creación de un curso en línea y lo venden a sus seguidores? ¿Puede usted imaginar la posibilidad de tener miles de afiliados que promueven su producto y ganar dinero constante para usted y su negocio?

Todo esto es posible en este mercado. Por lo tanto, las formas 5:06 son mis favoritos y considerado por mí la más rentable en el mediano y largo plazo.

Crear una infoproduct no es tan difícil como usted puede imaginar, sobre todo después de la emergencia estas plataformas- Eduzz, Hotmart o Monetizze - dirigidos a ayudar y minimizar nuestro trabajo. Todo lo que necesita es tiempo, el ingenio y la voluntad de escribir, escribir y poner a disposición de su curso en el Internet.

EDITOR FREELANCER

Otro método que puede estar siguiendo es un escritor independiente. Muchos bloggers que buscan este tipo de servicio a fin de ampliar su negocio, y por extraño que parezca el mercado todavía carece de buenos profesionales de escritura web.

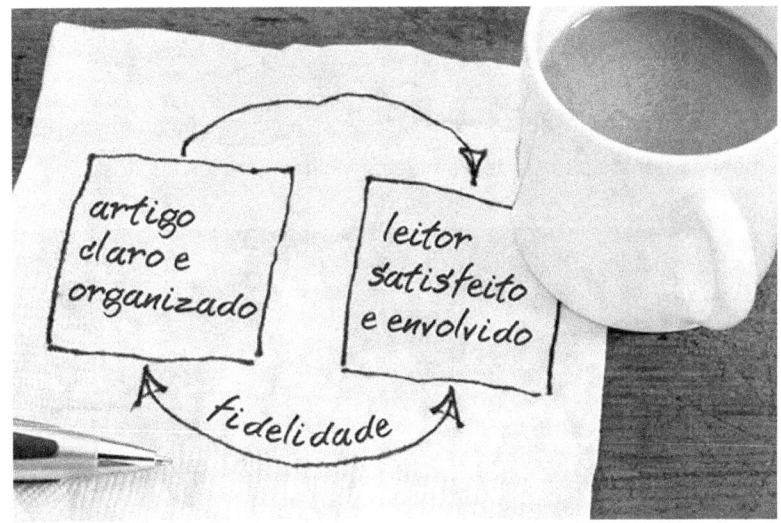

Sé que puede estar pensando, "Oh, no sé cómo programar y mi escritura es horrible." De acuerdo, entiendo su posición y pensamiento. Pero incluso si usted no sabe de programación, se puede ir por ese camino de escribir porque, la cara él, es mucho más fácil de aprender y poner en práctica lo que parece. cuesta sólo empiezan, entonces fluye de forma natural.

CONSULTING

Consulting es nada más que de guía a otros acerca de un problema particular.

Ejemplo: Ayuda a otros a desarrollar el diseño de su blog o guiar a una persona que quiere bajar de peso, pero no saben por dónde empezar o qué hacer.

Los ejemplos que demuestran simple en su totalidad el papel de un consultor.

Es importante destacar que, para ofrecer este tipo de servicio, es necesario conocer bien el tema o ser un experto en el campo.

Y estas consultas se pueden hacer disponibles a través de Skype, Facebook y otros medios de información digital.

CLASES PARTICULARES

¿Ha tenido la experiencia de dar una lección a alguien? Actualmente los tutores se busca a menudo por los padres de los niños e incluso para los adultos.

Su función es proporcionar una clase diferenciada y enfocada a la dificultad de que la persona que lo contrató.

La novedad es que ahora se puede utilizar el Internet para dar sus clases particulares. Rompiendo las barreras del espacio y el tiempo.

Así que si usted es un profesor de portugués y matemática, no pierda tiempo y dinero y hacer su oferta a este público objetivo, utilizando, por ejemplo, Skype o WhatsApp. Actualmente, cada vez más padres buscan profesores de matemáticas para sus hijos debido a su propia dificultad en la enseñanza de ellos o simple falta de tiempo.

CANAL EN YOUTUBE

Otra forma de trabajo desde su casa usando el Internet es Youtube. ¡Eso mismo! Usted puede ganar mucho dinero con esta plataforma.

Hoy en día, YouTube se toma la segunda posición como una herramienta de búsqueda, sólo superada por el propio Google. Esto implica que más y más personas están optando por los vídeos para leer los textos encontrados en Internet el exterior.

Por supuesto, no es suficiente para grabar y subir un video para empezar a ganar dinero, pero si se mantiene la consistencia, calidad y diligencia en sus vídeos y su canal, estoy seguro de que pronto los resultados comenzarán a aparecer.

DISEÑO

Uno se da cuenta de fotoshop? Usted sabe cómo crear artes gráficas, ya que nadie? Bueno, entonces este mercado es para usted.

Si usted tiene esta capacidad, aún no explorado formulario en línea, entonces usted está perdiendo una oportunidad. Así como el desarrollo web, se le puede ofrecer este servicio a sus seguidores o registrarse en sitios de trabajo independiente.

TRADUCTOR ONLINE

Hay un mercado muy apretado para los traductores buenos. Aunque hay miles de herramientas para este fin, nada sustituye a un buen traductor y su trabajo difícil traducción.

Si usted tiene conocimientos de al menos dos idiomas diferentes, puede estar seguro de que es un comienzo para tener éxito en este mercado. Este es un lujo que no todo el mundo tiene y puede producir una gran cantidad de dinero.

GESTIÓN DE LA RED SOCIAL

El trabajo de la marca de su empresa o de terceros es muy importante, especialmente en la era de los medios de comunicación.

Hoy en día nos encontramos con varios puestos de trabajo para gestor de redes sociales y esto debido al gran poder que ejercen para cualquier marca que quiere destacar en Internet.

Puede tener el poder y también ofrecen este servicio en su colección. No es un trabajo difícil, sin embargo, se requiere dedicación y compromiso con los clientes.

IMPORTACIÓN

Se pueden importar productos de otros países y les revender en su país. Usted puede comprar productos, principalmente de China a precios bajos y el uso de herramientas en línea comoOberlola Aliexpress y Shopify y los venden a menudo el doble cobro.

Confieso que hace unos años era mucho más sencillo trabajar con los productos importados. Hoy en día, la vigilancia es muy estricto ya veces la tasa cargados no vale la pena la inversión.

Así Cito este tipo de trabajo desde casa a través de Internet sólo para tener conocimiento de que el futuro puede explorar con mayor precisión.

SITIOS DE VIVIENDA

Una forma de trabajar desde casa en Internet es ofrecer un servicio de alojamiento de sitios. Pero después de todo, lo que es un hosting?

Imagine que usted es dueño de un pedazo de tierra y construir una casa allí. Su sitio web es como la casa que se construye a partir de ahí y está empezando a trabajar en él. Su sitio web tiene un lugar para vivir en Internet y eso es exactamente lo que proporcionan servicios de alojamiento. Ayudan a asegurar que su sitio está en línea y visible para todos en Internet las 24 horas del día.

En el sitio https://www.melhorhospedagemdesites.com/se puede encontrar sólo unas pocas empresas de hosting que han dado muy buen servicio en los últimos años, y están respaldados por una gran cantidad de comentarios positivos de los clientes anteriores y actuales. Visitar cada sitio para investigar las condiciones y servicios de cada empresa para decidir cuál es el adecuado para su proyecto de sitio en línea.

CONSTRUIR SU SITIO

Si usted tiene habilidades de desarrollo web, así pueden ofrecer este servicio a las personas que siguen o poner a disposición en sitios de trabajo independiente.

Al final de este libro, voy a dejar una lista de sitios donde se puede registrar a continuación, hacer publicidad de sus servicios.

Así que compramos la tierra (hosting) y ahora es el momento de construir una casa (sitio web). Con los productos adecuados y la creatividad, no hay casi una cantidad ilimitada de formas de crear su propia plataforma de ventas, su sitio.

Atrás han quedado los días de sitios estáticos tipo de tarjeta sencilla, que cuentan con poca información sobre su negocio, tales como un número de teléfono en la parte inferior o un enlace a un correo electrónico. Hoy en día, los clientes de Internet están "bombardeado" con ventas de marketing que promueve prefiere hacer una compra en su empresa que otra tienda en línea.

Hay varios aspectos que se deben tener en cuenta al crear un sitio web para que esto tenga éxito, y en particular el diseño. La presentación de la página de ventas, capacidad de seguimiento de los clientes o de seguimiento, y, finalmente, el uso de otros tipos de tecnología en su sitio web para fomentar las ventas, mantener la atención y agarrar el cliente puede hacer la diferencia entre el éxito y el fracaso.

ELEMENTOS DE UNA PÁGINA WEB CON ÉXITO

- **diseño web / gráfico** -Si usted ha pasado algún tiempo buscando en internet, lo que has visto algunos sitios web muy llamativos. Algunas luces parpadeantes o dibujos que vienen a ver casi como si usted fuera a visitar Las Vegas.

Con demasiada frecuencia, la gente piensa que deben presentar su sitio web con el texto en negrita y un aspecto gráfico muy intenso, pero esto no es necesario. Su sitio está diseñado para hacer una cosa y sólo una cosa: los visitantes se convierten en compradores.

No hay una regla específica que le aconseja tener una cantidad ridícula de gráficos; por el contrario, una simple página web puede funcionar incluso mejor que la que es llamativo. Dicho esto, no debe tener un sitio que tiene sólo imágenes, sino que también no contiene más que palabras, porque el visitante rápidamente se aburrirá y abandonar. Una buena combinación de gráficos específicos llamativos para su producto, así como una cantidad razonable de contenido diseñado para ayudar a vender es lo que se necesita.

Que sin duda desea tener un logotipo y puede optar por incorporarlo en la cabecera, que es un gráfico de barras que será en la parte superior de su sitio web. Además, las fotos del producto que estás vendiendo, y cualesquiera otras tramas que pertenecen al producto son a menudo útiles

- **La creación de sus páginas de ventas -** cuando alguien entra en su sitio web ofreció el mensaje debe ser lo suficientemente atractivo como para animarles a comprar el producto. Esto se hace mediante el uso de la página de ventas. Básicamente, el contenido, al menos en la primera página de su sitio, será una parte de la composición de la página de ventas.

Usted tendrá que incluir todas las características y beneficios de su producto, así como testimonios de clientes satisfechos. La creación de una página de ventas que realmente hace un trabajo eficaz de los visitantes del sitio conversión en compradores es también una forma de arte.

Para construir su sitio, se puede recurrir a empresas especializadas o puede optar por hacerlo usted mismo, el uso de aplicaciones de software que le ayudará con este proceso. Estos son algunos enlaces que pueden ayudarle a hacer este trabajo:

- www.pushbuttonletters.com

- www.salescreatorscreator.com

- www.instantsalesletters.com

Seguimiento de pedido - una Una vez que tenga los visitantes a su sitio, se puede aprovechar y tratar de conseguir algunos de sus datos, ya que si no compran la primera visita, que no tienen ninguna posibilidad de rastrear y corre el riesgo de perder a la competencia.

La mejor manera de hacer esto es mediante el uso de un autoresponder. Para esto, hay un software que le permiten cargar los mensajes pre-escritos y enviarlos a sus clientes potenciales a intervalos regulares. Se puede animar a los visitantes a presentar su nombre y correo electrónico en un corto formulario que se encuentra en su primera página, atrayéndolos con ofertas gratis si lo hacen.

Las ofertas gratuitas están asociados con los mensajes de seguimiento que se van a enviar de forma automática, en forma de valiosos consejos e información relacionada con el producto que están vendiendo. Estos mensajes de seguimiento no son necesariamente los mensajes de venta, sino que le permitirá mantenerse en la mente de los clientes y recordarles que su producto está disponible. Ofreciendo algunos consejos útiles e información relevante acerca de su producto, esto es a menudo valorada por las expectativas creadas, lo que favorece la permanencia de los datos de los visitantes en su lista durante algún tiempo. Animándolos con el tiempo para comprar el producto o tal vez optar por comprar otra cosa se empieza a vender en una fecha posterior.

Recuerde que su respuesta automática, básicamente, actúa como un empleado de su empresa que va a trabajar sin descanso para recordar a todos su presencia y anunciar lo que tiene disponible. Si confía en que venden sus productos en la primera visita a su sitio web y no toma ventaja de esta tecnología útil increíblemente, usted está dejando mucho dinero sobre la mesa.

PAGOS

Su sitio web debe tener la capacidad de procesar los pagos de clientes con el fin de entregar el producto que desea comprar. Hay tres formas principales de hacerlo: el uso de tarjetas de crédito, cajeros automáticos y procesadores de pago en línea como PayPal.

Con el fin de obtener el máximo dinero posible, debe ofrecer tantas opciones de pago como sea posible, a fin de permitir al cliente a tomar la decisión más conveniente. Si eres nuevo en el mundo de hacer dinero en línea utilizando una cuenta de PayPal ofrece una opción muy fácil para empezar.

Con PayPal, sólo tiene que registrarse y añadir la información de su cuenta bancaria. Una vez que configure su cuenta, puede instalar un botón Comprar ahora, una vez que se hace clic, permite al cliente hacer un pago que va a enviar el dinero directamente a su cuenta de PayPal.

Cuando esté listo para hacer una transferencia a su cuenta bancaria, simplemente haga clic en Quitar y será depositado el dinero. PayPal simplemente toma un pequeño porcentaje de la transacción como pago, del mismo modo que los procesadores de tarjetas de crédito tradicionales hacen. Para obtener más información acerca de cómo funcionan estos métodos, le sugiero que visite cada uno de los siguientes servicios:

Cuenta de Comercio -www.1shoppingcart.com

procesamiento -pago en línea www.Paypal.com

Ok, hemos elegido un producto, un servicio de alojamiento y hemos diseñado nuestro sitio, incluyendo aspectos específicos necesarios para que sea lo más rentable posible, ¿verdad? Bueno, casi. Si detuvo aquí, es probable que nunca se gana un centavo. La razón es que nadie sabe que existe. El siguiente paso en nuestro camino para hacer dinero en línea es atraer visitantes a su sitio.

CÓMO CONSEGUIR QUE LOS VISITANTES

El suministro de los procesos para aumentar el tráfico a su sitio es inmenso. Podríamos empezar a discutir una multitud de maneras de hacerlo, pero incluso si se escribe 100 páginas, sólo estaríamos empezando a arañar la superficie. Atraer tráfico de calidad, el público objetivo, es quizás la habilidad más valiosa que puede tener como un vendedor del Internet.

Sin perspectivas, simplemente tiene ningún negocio. Decidimos que la mejor manera de tratar con él en nuestro libro es simplemente proporcionar una lista de algunas formas comunes de atraer tráfico para producir los resultados más rápidos en primer lugar.

Se recomienda que comience a investigar y aprender sobre cada método en detalle, ya que cuanto más conocimiento tiene sobre los temas, mayor es la posibilidad de hacer dinero con su negocio en línea.

- **Compartir con sus contactos** - Una vez que su sitio está en funcionamiento, gritar al mundo! Aunque no todas las personas que conoces puede estar interesado en su producto, es posible que saben de alguien que es o puede ser capaz de ofrecer información valiosa sobre cómo mejorar su sitio.

- **Incluya su URL del sitio web en su firma -** pensar en el número de mensajes de correo electrónico se envía a la semana. Si sólo tiene que poner la URL de su sitio bajo su nombre en cada correo electrónico, se convierte en una fuente constante de publicidad gratuita a su disposición. Hacer uso de esta norma sencilla y verá que el número de visitas a su sitio se disparará.

- **Comercialización del artículo** -La comercialización del artículo es exactamente lo que parece: los artículos que se escriben en los productos vendidos y sometidos a los directorios en línea. Dado que son sometidos estos artículos, otros sitios pueden optar por utilizar su artículo como el contenido de su propio sitio web o hacer disponible el enlace a su sitio. Si el artículo está bien escrito y despertar el interés de los lectores, entonces pueden optar por hacer clic en su sitio. Además, otros sitios que contienen el enlace del artículo, ayudarán a clasificar su sitio en los motores de búsqueda. De esta manera, si alguien está buscando algo relacionado en los motores de búsqueda con su producto, es más probable que encuentren su sitio en los resultados de búsqueda.

- **Volviendo a otro sitios-**como en el caso de la comercialización del artículo, el punto culminante de su enlace en el sitio a otra página web es una cosa muy buena. En primer lugar, en función de la información proporcionada con su enlace, algunas personas pueden optar por hacer clic en él para obtener más información. Además, todos los enlaces que apuntan a su sitio web serán también mejorar los resultados de los motores de búsqueda.

- **PPC**medios de pago por clic. Yo recomiendo no comenzar aquí hasta que obtenga una buena comprensión de cómo funciona este programa. Básicamente se contabiliza la frase o palabras clave que alguien puede escribir mientras se busca a través de un motor de búsqueda. Si su oferta es lo suficientemente alta, entonces su sitio aparecerá en la parte superior de los listados y por lo tanto aumentar el potencial de clics alguien en su sitio. A menos que sus visitantes son muy específicas, que podría terminar recibiendo una gran cantidad de tráfico, pero no aumentar las ventas. Por lo tanto, este método de generación de tráfico puede ser muy costoso si usted no sabe exactamente lo que está haciendo. Por otro lado, si usted tiene un presupuesto y entender cómo funciona el proceso, puede ser una de las maneras más rápidas y más eficaces para conseguir tráfico a su sitio.

- **SI EL** -es sinónimo de optimización de motores de búsqueda. Este es el proceso que asegurará, con cierto grado de certeza, de que su sitio se encontrará cuando alguien escribe un término de búsqueda en un buscador. Este es quizás el aspecto más difícil y más incomprendida sobre la comercialización de la materia en Internet.

Dado que Internet ha cambiado mucho desde su creación, los motores de búsqueda funcionan de una manera totalmente diferente al que tenía hace sólo unos pocos años. Debido a esto, muchas personas todavía están tratando de tácticas más viejas que ya no producen resultados reales, por lo que es fácil confundirse con la información que encuentre en la red.

Un consejo clave que permanece constante es asegurarse de que cambie y / o actualizar el contenido de su sitio con regularidad. Cuando el proceso de un motor de búsqueda está indexado a los sitios de contenido con el fin de clasificar adecuadamente, el contenido actualizado aumentará en gran medida la clasificación.

yo Te recomiendo buscar en Internet y leer todo lo que pueda sobre el proceso de SEO con el fin de obtener resultados fácilmente y rápidamente como sea posible. Hay muchas empresas que ofrecen servicios de optimización de motor de la oferta, pero tenga cuidado y asegúrese de comprobar los resultados que han obtenido con otros clientes antes de entrar en un acuerdo con ellos, o usted podría terminar gastando un montón de dinero con muy pocos resultados.

AHORA ESTÁ EN MARCHA Y FUNCIONANDO!

Si ha seguido todos los pasos anteriores, ahora debería tener un sitio que está en Internet, ofreciendo un producto específico para un mercado específico, y espero que atraerá a los visitantes que están comprando. Todo el proceso es por supuesto mucho más fácil decirlo que hacerlo, pero si se toma el tiempo para entender la información que se ha dado e investigar puestos a disposición por los diferentes enlaces a las webs de los recursos, que puede tener su propio sitio web para obtener un beneficio fácilmente en menos a la semana.

Una vez que su negocio está en funcionamiento, el trabajo no se detiene allí. Debido a que este es un negocio, usted debe tratarlo como un trabajo y constantemente mejorar en todos los aspectos, incluyendo la apariencia de su sitio para que los visitantes de conversión de aumento de tarifas compradores todos los días.

El mundo de Internet está cambiando todo el tiempo y lo mejor que puede hacer es tratar de mantenerse al tanto de la información actual sobre lo que funciona y lo que no funciona en el mundo del marketing online.

VENTAJAS Y DESVENTAJAS DE SI TRABAJO EN CASA POR INTERNET

VENTAJAS

- **Pasar más tiempo con la familia:** Creo que esta es la principal ventaja de todo lo que voy a mencionar aquí. Ver crecer a sus hijos y ser capaz de ayudar a su esposa cerca de valor incalculable.
- **No subrayando con tráfico diario:** Otra gran ventaja es que no hay necesidad de luchar contra el tráfico de todos los días, especialmente si usted vive en una gran ciudad.
- **La libertad de tiempo:** cuando se trabaja desde casa en Internet que tendrá más tiempo para hacer otras tareas.

DESVENTAJAS

- **La falta de contacto social:** uno de los principales inconvenientes de trabajar en casa es un poco de contacto social con los demás. Si usted es una persona antisocial, no hay problema, de lo contrario se tiene esta desventaja.
- **Perder el foco:** porque es un trabajo en la comodidad de su casa, a menudo puede y va a perder el foco, ya sea por distracciones de sus familiares, vecinos o cualquier otra condición.
- **Trabajar durante largas horas:** Una de las desventajas de trabajar desde casa a través de Internet es sólo el factor tiempo de trabajo. A menudo puede exceder el límite de tiempo sin darse cuenta de las horas que ha trabajado. Esto puede ser perjudicial para su calidad de vida, sobre todo en el ámbito familiar.

Sitios que le ayudarán trabajas en casa

Recuerde lo que dije para presentar algunos sitios de trabajo independiente para usted?

Bueno, a continuación encontrará una lista de algunos sitios con los que trabajo y puntos para aquellos que deseen aventurarse una nueva oportunidad:

- WedoLogos;
- 99freelas;
- Workana;
- Prolancer;
- Getninjas;
- Vintepila.

Estos son algunos de los sitios más populares actualmente que pueden ser de gran valor para el inicio de su trabajo en casa.

Un MAESTRO Cartada PARA MEJORAR SUS RESULTADOS

Creo que su cabeza está llena de tantas ideas, sobre todo después de leer y analizar las posibilidades existentes en este material.

En resumen, quiero compartir con ustedes aquí es bastante simple. Básicamente consiste en la unificación de algunas ideas que se muestran aquí. Dejar que los ejemplos ...

- Puede trabajar como afiliado usando el blog para vender sus productos y también puede utilizar Youtube juntos.
- Otro ejemplo muy interesante está trabajando como productor y canales digitales utilizando la misma junto con los medios a su disposición.
- Montar una tienda virtual para vender productos importados no está fuera de la cuestión.

Como se puede ver, las posibilidades son numerosas, y cuando a unificar algunas de estas ideas, se puede mejorar aún más las posibilidades de éxito cuando se trabaja desde su casa a través de Internet.

Dio a entender la idea? Si usted ha estado con alguna pregunta, asegúrese de seguir buscando más información, ok?

CONCLUSIÓN

Pues bien, como se vio, existen numerosas posibilidades para iniciar un negocio en casa usando sólo internet. El problema aquí es que trazar un plan de la manera correcta y obtener implementar su negocio de una manera funcional.

El potencial de Internet son enormes, pero también están cambiando constantemente, por lo que la mayoría de los que es importante tratar de mantenerse al tanto de la información actual sobre lo que funciona y lo que no funciona en el mundo del marketing online.

Espero que hayan disfrutado de este material y este libro le ayudará a aprender y aplicar lo que se necesita para empezar a hacer dinero en línea.

A partir de ahora va a continuar su viaje, así que le deseo el mayor éxito en el mundo y espero que esta guía de inicio fácil de hacer dinero en línea es sólo una parte de su viaje para convertirse en un millonario de Internet.

¡Gran abrazo!

WILLSON CARDOSO

www.ingramcontent.com/pod-product-compliance
Lightning Source LLC
Chambersburg PA
CBHW050329220526
45465CB00005B/2196